EXTRAIT

DE MON

LIVRE DE FAMILLE

1150-1908

PAR LE CAPITAINE

L. JEAN DE LAMOLINIÈRE

BLOIS

EMMANUEL RIVIÈRE, INGÉNIEUR E. C. P.

2, rue Haute,

1908

EXTRAIT

DE MON

LIVRE DE FAMILLE

1

EXTRAIT

DE MON

LIVRE DE FAMILLE

—

1150-1908

—

PAR LE CAPITAINE

L. JEAN DE LAMOLINIÈRE

BLOIS

EMMANUEL RIVIÈRE, INGÉNIEUR E. C. P

2, rue Haute,

—

1908

Dieu veut qu'on conserve le souvenir des origines communes, si éloignées qu'elles soient, et qu'il en dérive des obligations particulières : Il veut que les hommes respectent toutes les liaisons du sang.

BOSSUET.

Il est donc bon et utile de recueillir pieusement le souvenir des ancêtres.

NOTE DE L'AUTEUR

Pour l'établissement de mon livre de famille, dont je présente aujourd'hui un extrait, j'ai eu recours à la *Notice historique sur la maison de Durand, en Dauphiné,* par mon oncle Eugène de Rochas, notice qui a été la base de mon travail.

Je dois à mes cousins de Rochas, la communication de nombreux documents et en plusieurs circonstances l'aide précieuse du colonel ; c'est grâce à lui notamment que j'ai pu souvent diriger avec fruit mes recherches ; je lui suis redevable, en outre, en dehors des actes notariés que je me suis procurés, des seules archives que je possède sur les Durand et plus particulièrement sur les la Molinière.

M. l'abbé Magnat, curé de Châteaudouble, paléographe aussi modeste qu'estimé, a, non seulement mis à ma disposition toutes les notes qu'il avait recueillies sur les Durand, tant dans les cartulaires que dans les vieilles et importantes archives notariales de sa paroisse, pays d'origine de ma famille maternelle, mais il m'a communiqué aussi pendant plus de dix ans toutes ses découvertes la concernant.

Je saisis cette circonstance pour leur en exprimer toute ma reconnaissance.

MM. les abbés Siaud et Chenavière, curés de Chichilianne et Saint-Martin-de-Clelles (Isère), m'ont envoyé des renseignements fort intéressants sur cette région du Dauphiné où était venue se fixer la branche aînée.

Je dois également les notices sur les Odde de Bonniot de Chenicourt et de Morard de Galles, qui figurent dans mon livre de famille, à mon frère aîné Ernest, qui possède par sa femme née de Morard de Galles de la Bayette, les archives relatives à ces familles.

Qu'il me soit donc permis de remercier ici tous ceux qui m'ont aidé à mener à bonne fin ce travail, complété avec tous les renseignements que j'ai pu recueillir dans les archives du Dauphiné et dans quelques études de notaires de cette province.

Pavillon de la Place, Cour-Cheverny (Loir-et-Cher),

le 1er août 1908.

L. JEAN DE LAMOLINIÈRE.

NOTES GÉNÉRALES

LES DE DURAND

ANCIENNEMENT

DE DURANT

Les **de Durand** sont originaires du Valentinois.

Cette famille, une des plus anciennes du Dauphiné, a fourni à la France quelques hommes distingués dans l'épée et dans la robe. — L'un de ses membres prit part à la première croisade de 1095.

Chorier a fait la généalogie et donné la descendance des de Durand.

Guy Allard, dans son nobiliaire, atteste que Pierre de Durand IIe, qui vivait au XIIIe siècle, était un des chefs de la famille de Durand ; il parle avec éloge de cette famille.

Marc Vulson de la Colombière, après avoir loué les Durand dans son ouvrage *La science héraldique*, signale ses armoiries comme très singulières.

Le baron de Coston, dans son histoire de

Montélimar et des principales familles qui l'ont habité, cite la famille de Durand comme ayant longtemps occupé dans cette ville et les environs une position sociale élevée.

M. l'abbé Magnat, curé de Châteaudouble, nous écrivait : « La famille de Durand est très « ancienne à Châteaudouble et les actes, ou « extraits de cartulaires recueillis, en révèlent « la suite déjà depuis 1150 ; et l'un de ces « actes, le testament de noble Hélène de Cas- « sard, daté de 1508, commence ainsi : *Lau-* « *dabilis et vetustissima nobilium Duran-* « *dorum domus.* . . . . »

Dans son testament du 26 mars 1355, Pierre II de Durand institue pour ses héritiers Dalmas et Ponce ses fils, avec cette clause, que dans le cas où l'un de ses fils viendrait à entrer dans l'ordre des Chevaliers de Saint-Jean de Jérusalem, etc. . . . .

Or, à cette époque, il fallait au moins trois ou quatre générations de noblesse pour être reçu chevalier de cet ordre et cette règle était sévèrement observée ; d'où la conséquence que la noblesse des Durand datait déjà de loin.

M. l'abbé Ulysse Chevalier signale, dans le cartulaire de l'abbaye de Léoncel qu'il a publié, deux de Durant religieux de Léoncel en 1188 : Ponce et Humbert.

Depuis Ponce Ier de Durant jusqu'à Reymond, décédé en 1512, il n'y eut qu'une seule branche dans la famille, celle de Château-double.

Reymond laissa deux fils, Durand de Durand et Philippe.

Durand s'établit dans les montagnes du Trièves, à Saint-Martin de Clelles (Isère), dès les premières années du XVIe siècle et forma la branche aînée, dite de Saint-Martin ; Philippe, le cadet, resta à Châteaudouble, près Valence, dans les fiefs patrimoniaux de la famille.

Un cadet de la branche de Saint-Martin, Claude II de Durand de Riconnières, embrassa le protestantisme (1). De son mariage avec Sarah de Bonnard, il eut plusieurs filles et quatre fils qui donnèrent naissance à quatre branches différentes :

1° JACQUES, seigneur de Pontaujard ;
2° PAUL, seigneur de la Châtre ;
3° JEAN, seigneur du Banchet ;
4° SALOMON, seigneur de la Garde.

---

(1) Nous verrons que la branche de Châteaudouble fit de même.

BRANCHE DES DE DURAND

Châteaudouble, près Valence (Drôme).

Saint-Martin, près Clelles (Isère).

Riconnières, près Pellafol (Isère).

Pontaujard. La Châtre. La Garde. Du Branchet.

La Buissonnière.

La Molinière.

ARMOIRIES DE LA NOBLE FAMILLE DES DURAND.

Elle porte de sable party d'or au chevron party de l'un en l'autre au chef d'argent chargé de trois testes de léopard de gueules lampassées de sable.

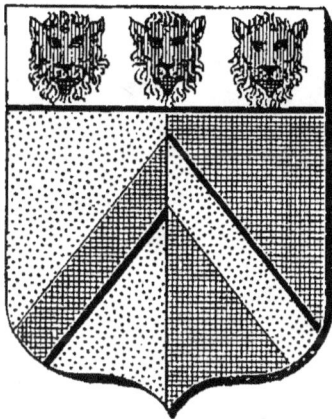

Elle avait pour devise *Moderata Durant* (1).

D'Hozier délivra, le 9 décembre 1698, à Pierre de Durand du Banchet et à Daniel de Durand, son fils, un brevet d'enregistrement de leurs armes.

L'abbé Vincent, professeur au collège de Chabeuil (Drôme), dans sa notice historique sur cette ville, cite Durand comme un seigneur de la plus haute condition.

---

(1) Le nom s'écrivait autrefois de Durant, comme l'indique sa devise. Les deux lettres d et t se prenaient couramment l'une pour l'autre comme on le voit dans Bayart et Bayard.

CHATEAUDOUBLE

LES DE DURAND DE CHATEAUDOUBLE
SOUCHE DES DURAND

Ponce Ier et Humbert son frère sont nommés parmi certains personnages, dans la charte xxxvii, année 1188, citée plus haut.

Ponce est de nouveau signalé dans la charte lxx, année 1205.

A Ponce Ier, qui vécut de 1150 à 1230, succéda **Pierre Ier de Durant,** son fils, de 1175 à 1256. Bollotz, sa femme, possédait des propriétés à Marches (Drôme), qui furent vendues aux religieux de Léoncel.

Chorier, dans son *Histoire du Dauphiné*, raconte que Pierre Ier de Durand fut un des seigneurs de cette province qui furent choisis par leur naissance et leur mérite distingué pour être arbitres d'un différend qui s'était élevé entre Guillaume de Savoie, évêque de Valence, et le peuple de cette ville.

Charte clxi, année 1249. Contestations entre les religieux de Léoncel, d'une part ; Pierre de Durant et sa femme Bollotz, d'autre part, au sujet de pâturage.

2

Autre charte de 1253, commençant ainsi :
*Nos Petrus Duranti miles et Bollotz uxor
ejus* . . . .
et où il est question de leurs enfants : Pierre et
Sibille.

Autre charte de 1255.

Charte ccxl, le 2 juin 1279, où **Humbert de
Durant,** damoiseau, est cité comme témoin.

Dans la charte ccxliv, du 10 septembre 1282,
nous trouvons Saraman et Ponce de Durand,
damoiseaux.

Ponce est frère d'Humbert et tous deux sont fils
d'un Pierre qui n'eut rien de bien saillant dans
sa vie puisqu'il en est à peine question. Ils
étaient petits-fils de Pierre Ier.

Pierre II de Durand était fils d'Humbert.
Originaire de Chabeuil il vint, vers 1334, s'établir à Châteaudouble, où les descendants de
cette branche ont toujours depuis lors fait leur
demeure.

Il fut membre du conseil privé d'Humbert II,
dauphin du Viennois.

1330. Le comte de Valentinois lui fait une
donation.

1334. Pierre II de Durand, de Cabeolo, prête

hommage en faveur et entre les mains du dauphin Humbert II, à Saint-Marcellin, dans la chapelle de ce lieu. Les formalités de cette prestation sont très curieuses.

1335. Contestations où le nom de Petrus Duranti est cité.

1336. Pierre II fut choisi et établi un des 12 conseillers pour juger souverainement de toutes les affaires du baillage de Vienne.

1340 Humbert II créa le Conseil delphinal composé de sept officiers parmi lesquels figure Pierre de Durand.

Il fut choisi par le même prince pour être un des conseillers en la Chambre des Comptes.

1343. Pierre II de Durand signa au rang de la noblesse distinguée du Dauphiné l'acte de transport de cette province par Humbert II, dernier dauphin, à la couronne de France, sous Philippe de Valois. Il y est qualifié de damoiseau.

Il fut présent à une concession faite par Humbert au prieuré de Saint-Robert, près Grenoble.

1343. Vente faite en présence de Guillaume Durant, prêtre de Savasse (Drôme).

1345. Lettres patentes d'Humbert II, dauphin du Viennois, par lesquelles il donne à Pierre Durand, de Chabeuil, auditeur des comptes, l'autorisation de clore un pré qui lui appartenait, situé près des fossés du château de Cha-

beuil, malgré les prohibitions d'établir des clô-
tures dans les zônes militaires.

1345. Le dauphin Charles, alors appelé le
duc de Normandie, devenu Charles V, roi
de France, nomma Pierre de Durand châtelain
de la forteresse de Châteaudouble, Saint-Nazaire, etc.

Il le pourvut ensuite de la charge de Trésorier
unique de la province.

1347. Pierre II fut présent à la visite des
châteaux du dauphin.

1347. Dans un testament de Durant, Guigues
de Savasse, curé de Félines, est cité comme
témoin.

1348. Pierre est nommé comme témoin dans
les lettres d'Humbert, pour armer contre le seigneur de Beaujeu.

1348. Il fut présent à une protestation faite
par le dauphin contre son mariage avec la fille
du duc de Bourbon.

1355. Pierre II de Durand testa le 26 mars.
Dans ce testament il est qualifié de damoiseau
(*domicellus*). Il élit sépulture dans l'église de
l'abbaye de Léoncel, devant l'autel de la Sainte-
Croix, ordonne des messes pour le repos de son
âme et de celles de ses proches et fait diverses
libéralités en faveur de l'église, du cimetière,
des pauvres, etc.

Il reconnaît avoir reçu, sur et pour la dot de sa femme Sébille, 200 livres de monnaie. Il lègue à sa fille Béatrix, outre la dot qui lui a été assignée, une vache et un veau.

Il institue pour ses héritiers Dalmas et Pons, ses fils, avec cette clause, que dans le cas où l'un de ses fils viendrait à entrer dans l'ordre des chevaliers de Saint-Jean de Jérusalem, celui qui resterait possesseur de tous les biens patrimoniaux lui paierait 200 florins d'or. Il leur substitue au besoin ses deux filles Galicie et Béatrix et l'une à l'autre, le cas de mort arrivant.

1367. Dans les registres de la Chambre des Comptes du Dauphiné est, sur Chabeuil, un hommage du 28 mai prêté par noble Alix de Fayno, alias (surnommé) Borno, au nom et comme procureur fondé de noble Éléonore de la Beaume Cornillane, veuve de noble Pierre de Durand, et Alix sa fille, épouse dudit Fayno, pour les biens spécifiés dans ledit hommage.

D'après cet hommage Pierre II se serait donc marié deux fois ? M. l'abbé Magnat croit plutôt à l'existence d'un autre Pierre de Durand. Il est certainement dans le vrai, car, en 1348, un Berton Durant, fils d'un Pierre Durant, rendait ses comptes de deux années entières d'administration de la châtellenie de Saint-Nazaire.

Or, dans le testament de Pierre II, il n'est nullement question d'un fils de ce nom. Berton devait être un fils d'un Pierre Durant resté à Chabeuil.

Dalmas de Durand. Le 10 février 1388 il est désigné dans les actes comme châtelain de Châteaudouble.

1399. Il prête hommage et reconnaît tenir en fiefs francs nobles et anciens du Dauphin, au mandement de Chabeuil : 1° une maison située audit Chabeuil en la rue des Durand, etc.

1409. Humbert et Jean de Durand, frères, de Châteaudouble, assistent à un acte de reconnaissance.

1411. Dalmas fait diverses libéralités en faveur de l'abbaye de Léoncel, en confirmation et en augmentation de celles émanées de son père en vertu de son testament.

1412. Dalmas, marié à Jeanne d'Arthaud, aurait testé en septembre.

1414. Taschon de Durand (1) prête hommage

(1) Il y eut un Taschon de Durand tué en 1424 à la bataille de Verneuil. De huit cents gentilshommes qui y moururent le 17 août, il y en eut trois cents du Dauphiné. (Voir les questions relatives à Bayard par Albert de Rochas.)

au comte de Valentinois pour une maison, différents fonds et héritages.

Au même registre, sur Chabeuil, est un hommage prêté le même jour par Béatrix, fille de Catherine Alexis, épouse de noble Garin de Durand.

Garin, Taschon, François, Humbert et Jean étaient fils de Dalmas.

1422. Concession du comte de Valentinois, où il est fait mention de Dalmas de Durand.

1423. Reconnaissance passée par Taschon.

Ponce de Durand, frère de Dalmas, mourut sans postérité.

François de Durand. Il exerçait dès l'année 1419, les fonctions de châtelain de Châteaudouble.

1421. Le 8 juillet il contracta mariage avec Miracle de Virieu (l'une des plus anciennes maisons de la province). Le contrat indique qu'il était fils de Dalmas de Durand.

1422. Le comte de Valentinois lui concède plusieurs droits et privilèges en considération des grands services qu'il lui avait rendus. Ces droits seront approuvés en 1455 par Louis XI, alors dauphin.

1422. Hommage prêté au comte de Valentinois par François de Durand à l'occasion d'une donation et rémission de plusieurs censes et autres droits à lui accordés avec les restrictions de la foi et hommage.

1428. Procès-verbal fait par noble Alzias de Rigaut, lieutenant du roi en Dauphiné, et Étienne de Durand, conseiller delphinal, contenant leur transport au lieu de Châteaudouble pour la visite et vérification du château.

1433. François tenait en engagement du roi, le château, fief et revenus de Châteaudouble par contrat de vente en parchemin, signé Deplastro, par le roi dauphin le 13 juin.

Cet acte d'engagement eut lieu en suite de la commission et des lettres patentes de Charles VII, roi de France et dauphin de viennois, données à Amboise en 1432 en faveur de François de Durand.

1435. Louis XI, réfugié en Dauphiné, ne manqua pas de chercher à se faire un partisan d'un homme aussi influent que François, aussi lui confirma-t-il les privilèges que le comte de Valentinois lui avait concédés en 1422.

1437. François de Durand acquit le château, domaines, rentes et censes que le roi Charles VII possédait à Châteaudouble.

1446. Noble François prête hommage au

dauphin pour tous les biens qu'il possède à Châteaudouble, Chabeuil, Charpey et Rochefort.

1448. Jean de Durand, fils de François, est désigné comme vice-châtelain de Châteaudouble.

1448. Dans la révision des feux de Châteaudouble, François est au rang des gentilshommes.

1449. Dans un hommage rendu au dauphin, François est qualifié écuyer.

1453. Le 27 mai, François de Durand teste devant Me Raymond, notaire. Il veut être enseveli à Valence, dans l'église des Frères prêcheurs, devant le grand autel. Il nomme pour ses légataires particuliers ses enfants dans l'ordre suivant : Jean, Sibile, Bertrand, Guillaume, Reymond et Antoinette (Antonia).

Il institue pour son héritier universel Aymard, son fils aîné, et fait un legs à Reymond, un de ses fils cadets.

Jean devint chevalier de Saint-Jean de Jérusalem, Bertrand fut chanoine de Saint-Ruf et prieur d'Etoile et de Touland.

1463-65. Testament de noble Antoinette Durand, femme de Claude d'Urre, en faveur de François d'Urre, son fils.

1479. Miracle de Virieu, épouse de François

de Durand, fit son testament le dernier jour de juin. Acte reçu par Mᵉ Sirot, notaire à Valence.

Aymard de Durand, fils de François, épousa en 1461 Jeanne de Lastic, dont il eut deux fils et cinq filles (dont une mariée à Jean ...., sieur du Pouzin) ; Guillaume mourut jeune et Antoine ne laissa que des filles.

1468. Les héritiers de feu noble « Eymarii Durandi » sont mentionnés comme possédant une vigne au couchant de l'église de Châteaudouble ; Aymard était donc mort avant cette date.

1475. Reconnaissance générale des possessions de biens nobles, à Antoine de Balzac, évêque : noble Jeanne de Lastic, curatrice de nobles Antoine et Guillaume de Durand.

1483. Le 18 juin, Noble Jeanne de Lastic, veuve d'Aymard, passe procuration à son fils Antoine pour gérer les affaires.

1484. Noble Antoine fait une vente considérable de cens.

1485. Autre vente.

1488. Transaction entre l'abbé de Léoncel et noble Antoine de Durand au sujet des legs faits par noble Pierre de Durand.

1490. Jeanne de Lastic passe procuration à son fils Antoine pour disposer de ses biens.

1492. Antoine de Durand meurt en mai.

Reymond de Durand, frère d'Aymard, servit longtemps avec distinction dans les armées de Louis XI et de Charles VIII ; et en considération de ses services, ce dernier roi lui confia la garde du château de Perpignan, place à cette époque d'une grande importance pour l'État.

Dans les lettres patentes du 20 janvier 1485 données à ce sujet, le roi fait l'éloge de la valeur dudit Reymond, le connaissant pour gentilhomme vertueux et expérimenté en fait de guerre.

Ces lettres sont sur parchemin, scellées du grand sceau en cire jaune, signées par le comte de Clermont et contresignées par le sieur de Geauville.

Ce qui justifie encore la bravoure dudit Reymond et sa grande expérience dans les armes qu'il s'était acquise, c'est le carrousel qui se fit à Romans en l'année 1483 ou 84 aux fêtes de la Pentecôte, aux noces d'Antoine de Montchenu et de Louise de Clermont, où il fit des merveilles et fut généralement admiré de tout le monde. On peut voir tout ce qu'il est dit de lui, plus au long, dans les manuscrits qu'a laissés M. de Ponat, doyen du parlement du Dauphiné, et en particulier dans l'histoire de Zizim, prince ottoman, où l'on voit une narration exacte dudit carrousel et comme ledit Reymond y était distingué parmi les tenants, tous gens de la plus haute distinction.

Les noms de tous les tenants et des assistants sont dans le même livre, où l'on voit qu'il n'y eut aucun gentilhomme de la province qui ne se trouvât à Romans pour avoir l'honneur d'être de ce carrousel, à cause du prince Zizim qui y était présent.

1492. Donation à noble Reymond à lui faite par noble femme Jeanne de Lastic, veuve de noble Aymard Durand.

Cession et rémission pour noble Reymond Durand de Châteaudouble, à lui faite par noble Louis de Lastic.

1497. Transaction entre Reymond et les frères Borel, de Charpey, se terminant ainsi : L'an 1493..... au lieu de « Florentiano du diocèse Agnetensis »..... noble Guillaume Durand de Châteaudouble..... a fait..... ses procureurs..... noble et religieux homme messire Bertrand Durand, prêtre et prieur du prieuré d'Étoile et Thouland, et noble Reymond Durand..... ses frères..... pour régir, etc. . . . .

1497. Reymond de Durand, écuyer, fils de François, épousa demoiselle Hélène de Cassard, fille de noble de Cassard, de la paroisse de Saint-Sixte, diocèse de Valence.

Reymond avait fait sa carrière de l'état militaire et n'avait sans doute pas le dessein de se marier ; ce ne fut qu'en voyant que ses neveux Antoine et Guillaume, les fils d'Eymard, son frère aîné, étaient morts sans enfants mâles, qu'il se décida ; il avait alors cinquante ans.

Il ne resta marié que dix ans et eut quatre enfants dont l'aîné fut Durand de Durand.

1498. Reymond vend à noble Philippe des Massues les censes et les droits qu'il percevait sur 53 propriétés de Châteaudouble, Peyrus et Combovin.

On voit, dit M. l'abbé Magnat, par le nombre considérable des revenus que les de Durand aliènent, quelle était l'étendue de leur fortune dans les temps antiques. Les de Durand, dont les propriétés et les droits étaient situés surtout sur Châteaudouble et Combovin, en possédaient aussi sur Peyrus et Charpey. Ceci indique l'antiquité et l'importance de leur origine. Car toutes les propriétés sur lesquelles ils levaient des cens leur avaient appartenu. Ils n'en avaient plus conservé que le haut domaine, à mesure qu'ils les avaient remises à leurs serfs affranchis.

1500. Hommage à noble Reymond Durand par Étienne Perrot, de Charpey, habitant le mandement de Châteaudouble. J'ai dans mon livre de famille une curieuse description de cette cérémonie.

1500 à 1504. Donation entre vifs par noble Antoinette Durand, veuve de noble Jean Dupont, de Mirmande, à Claude Dupont, son fils, de tous ses biens, à la réserve de l'usufruit. Antoinette doit être une des filles d'Eymard et de Jeanne de Lastic.

1501. Procuration de noble homme Reymond de Durand au nom des nobles de Châteaudouble, et de Guillaume Richard et Guillaume Guirimand au nom des artisans, pour administrer l'église et l'hôpital de Châteaudouble.

1502. Dénombrement des censes vendues par Reymond à Philippe des Massues.

Il peut paraître étonnant qu'une famille aussi influente et aussi fortunée que celle des de Durand se vit réduite, pendant de longues années, à opérer presque sans cesse des aliénations considérables de biens de toutes sortes ; comme on le voit pour Aymard, Antoine son fils, Reymond frère d'Aymard et Philippe Iᵉʳ fils de Reymond.

Pour trouver une explication sûre de cette fâcheuse situation de fortune, il suffit de se rappeler qu'après la donation au dauphin royal du comté de Valentinois et Diois, faite par Louis II de Poitiers, dans son testament de 1419, ce dernier, afin d'exclure plus sûrement de son héritage ses cousins les Poitiers de Saint-Vallier, fit des substitutions au roi de France, dans les personnes des comtes de Savoie et du Pape.

Il s'ensuivit des complications de toutes sortes. Le roi se trouva longtemps impuissant à défendre son héritage ; les Poitiers de Saint-Vallier s'en emparèrent, au moins en partie et l'occupèrent, y compris Châteaudouble. Le comte de Savoie en fit autant ensuite à main armée ; et enfin le pape Sixte IV en 1482 et 1483.

Et ainsi François de Durand, son fils Aymar et le fils de celui-ci Antoine, s'étant succédés comme châtelains de Châteaudouble, eurent de graves difficultés à soutenir avec les différents prétendants et subirent de la sorte de très grands frais, qu'ils ne purent supporter qu'en aliénant une part importante de leurs biens.

Nous avons trouvé, dit M. l'abbé Magnat, la preuve certaine que cette situation embarrassée fut imposée aux Durand par cette cause.

1506. Testament de noble Reymond de Durand. Il a élu sa sépulture dans l'église de Saint-Michel de Châteaudouble, devant la stalle seigneuriale qu'il occupait. Il fait de nombreux legs, ainsi qu'à ses filles Catherine et Françoise et à son fils Philippot. Il laisse sa femme, Hélène de Cassard, maîtresse de ses enfants et de ses biens sans reddition de comptes.

Il institue son fils Durand de Durand son

héritier universel, et s'il meurt sans enfants mâles légitimes il lui substitue son fils cadet Philippe.

1508. Testament de noble Hélène de Cassard. Elle veut avoir sa sépulture dans le caveau de ses nobles ancêtres, la glorieuse et très antique famille noble des de Durand.

1509. Donation par noble Reymond à la confrérie des pénitents de Châteaudouble.

1511. Autre testament de Reymond dans lequel il recommande au prône l'âme de feue noble dame Hélène de Cassard, son épouse.

1512. Troisième et dernier testament de Reymond de Durand qui mourut peu après.

Reymond laissa donc deux fils, savoir : Durand de Durand qui était l'aîné et vint s'établir dans les montagnes du Trièves, d'où sont venues plusieurs branches, et Philippe, d'où est sortie la branche restée à Châteaudouble et avec laquelle nous allons continuer avant de de passer à la branche aînée.

CHATEAUDOUBLE

—

BRANCHE CADETTE

BRANCHE CADETTE

DE DURAND DE CHATEAUDOUBLE

Philippe Ier de Durand, fils cadet de Reymond, naquit en 1500.

1524. Il est à la guerre.

1525. Il combat à Pavie.

1526. Testament de noble écuyer Philippe de
Durand de Châteaudouble.

« Au nom de N.-S. J.-C. *Amen*. Personnell^t
constitué noble écuyer Philippot Durand.....
qui..... voulant s'en aller hors de la patrie.....
pour qu'il n'y ait aucune contestation entre les
siens..... a fait son testament de cette sorte :

« 1° Après avoir fait le signe de la Croix.....
il a recommandé son âme très humblement à son
Créateur..... à la Glorieuse Vierge Marie........
Il a élu sa sépulture dans le cimetière paroissial
de Saint-Michel de Châteaudouble, dans la
tombe de ses parents.

« 2° Il veut qu'à ses funérailles assistent cent
prêtres..... etc. »

Ce chiffre peut surprendre de nos jours ; il n'y avait cependant pas de paroisse à cette époque qui n'en possédât au moins dix.

Philippe fait ses sœurs Catherine et Françoise ses héritières universelles.

1527. Il n'était pas encore revenu de la guerre.

1527-1534. Philippe est à Châteaudouble comme l'indiquent plusieurs actes de 1529-31-32 et 1534.

1536. Il repart aux armées.

1540. Il est témoin à un acte passé à Châteaudouble.

1547. Noble Clauda, fille naturelle de Philippe, est signalée comme possédant une terre à Châteaudouble.

1547-1560. Pièce de peu d'importance, où il est question de la poterne des Durand, à propos de l'écoulement des eaux du bourg de Chabeuil.

1553. Philippe Ier de Durand, écuyer, fut un des gentilshommes de France qui accompagnèrent le général Paulin, baron de la Garde, par ordre de la cour, dans son ambassade de Turquie. Il lui fut donné un sauf-conduit par le grand seigneur et doge de Venise.

1565. Philippe Ier de Durand épouse demoiselle Barbe Revotte. Il décède peu après 1568, laissant plusieurs enfants, entre autres Philippe, son fils aîné et héritier, Joseph, Claude et Jeanne.

1579. Les papiers des Durand furent dispersés et anéantis en 1579, époque où le lieu de Châteaudouble fut pillé et brûlé. La maison des de Durand, qui était la plus belle et la plus considérable, subit le même sort. Cette famille perdit ainsi tout son mobilier.

Philippe III de Durand et ses divers parents du même nom eurent plus tard beaucoup de peine à ramasser et à recouvrer les actes qui justifiaient leur descendance de Pierre II de Durand.

Deux faits de cette importance nécessitaient une explication qu'a bien voulu nous donner M. l'abbé Magnat :

« Il y avait à Châteaudouble deux châteaux féodaux : le Castrum ou château seigneurial, autour duquel était construit le bourg, et un autre château isolé situé à 800 ou 900 mètres du premier, appelé château de Ruissas. Je sais que ce dernier a appartenu aux de Durand après les guerres protestantes, mais j'ignore s'il leur appartenait déjà avant ou même à qui il appartenait. Je n'en ai trouvé aucun indice.

« Or, ce château de Ruissas était tombé au pouvoir des capitaines huguenots presque au début de leurs soulèvements.

« De là, ils choisirent le moment propice pour

s'emparer inopinément du château seigneurial
vers 1565. Mais ils ne purent s'y maintenir, si
ce n'est à partir de 1574 jusqu'en 1579. En cette
année ils furent assiégés par l'armée catholique
commandée par le duc de Maugiron. Celui-ci
s'en empara mais ne put prendre la garnison
huguenote qui s'échappa.

« Est-ce alors qu'eut lieu le pillage et l'in-
cendie dont parle M. Eugène de Rochas? Je
l'ignore, mais cela peut être.

« On s'explique que les catholiques exaspé-
rés de tant de destructions et de massacres
accomplis par les protestants, se soient aussi
laissés entraîner à des excès en pillant et brû-
lant leurs habitations.

« Le duc de Maugiron, devenu maître de
Châteaudouble en 1579, en ordonna la démo-
lition ; mais elle ne fut que très imparfaitement
exécutée, d'autant plus que les protestants
l'avaient repris bientôt après.

« Mais ils y furent de nouveau assiégés en
1580 par le duc de Mayenne à la tête d'une
armée de 12,000 hommes. Le château fut pris,
la garnison passée au fil de l'épée et ordre fut
donné de démolir, rez-pieds rez-terre, le château, toutes les fortifications et toutes les habitations du bourg. Et cette ordonnance fut aus-
sitôt exécutée.

« Je suis certain que les de Durand avaient une maison d'habitation dans le bourg, à l'intérieur des remparts. Etait-ce là qu'étaient leurs archives, ou étaient-elles au château de Ruissas ? Ont-elles été détruites au premier siège ou seulement au deuxième ? Fut-ce par les catholiques ou par les protestants ? Je l'ignore. »

Nous avons vu que François de Durand qui exerçait, en 1419, les fonctions de châtelain de Châteaudouble, tenait en engagement du roi en 1433 le château fief et revenus de Châteaudouble par contrat de vente en parchemin et qu'il acquit en 1437 le château, domaines, rentes et censes que le roi Charles VII possédait à Châteaudouble ; il était donc à cette époque propriétaire du château seigneurial.

Si les de Durand ne le possédaient plus en 1537 il faut voir là le résultat des aliénations considérables de biens de toutes sortes imposées aux Durand par les différents prétendants.

Voici une note qui prouve qu'en effet le château, autrefois du roi, était devenu la propriété du seigneur.

Châteaudouble. — Le château appartient en propre au seigneur et ne dépend pas du domaine du roi (1). La seigneurie fut adjugée le 17 sep-

(1) Il fut domaine du roi jusqu'en 1437.

tembre 1537 à Pierre Bulner pour 4,200 livres et le 30 septembre 1638 à Pierre de la Beaume pour 25,200 et partagée entre le sieur de la Beaume, nobles PHILIPPE DURAND, et Antoine Blache. (Arch. de la Drôme, 1638, tome II, Série E, pages 180 et 181.)

Le 1er avril 1221, Aymar de Poitiers avait acheté à Raymond Béranger du Trièves le château et la terre de Châteaudouble. (Chanoine Jules Chevalier, dans ses *Mémoires sur les comtés de Valentinois et de Diois*, page 209.)

Philippe II de Durand, fils de Philippe Ier, épousa en 1588 demoiselle de Guérimand (mariage protestant).

1596. Avec son frère Claude, Philippe assiste à des paches, conventions et transactions.

1597. Mariage entre noble Guillaume du Bourg, de Bedoin, au comté Venaissin, avec demoiselle Jeanne de Durand de Châteaudouble, fille de feu noble Philippe Ier. Tous étaient protestants. Il y manque l'assistance de Joseph de Durand, écuyer, l'autre frère, qui paraît être resté catholique.

1612. Philippe II fait son testament; il institue pour son héritier Philippe III, son fils. Il laisse entre autres enfants : Claude ; Mabille, mariée à Gaspard de Lastic ; et Judith qui épousa M. Massot.

1619. Il est pour la dernière fois question de Philippe II, qui a dû décéder peu après.

Philippe III de Durand épouse Marguerite de la Roche, fille de noble Paul de la Roche-sur-Grane et de demoiselle Vve de Gardon ; acte reçu par Me Bozonier, notaire à Grenoble, signé par le duc de Lesdiguières, en la chambre appelée Madame de Créqui.

1626. Procuration de noble Philippe de Durand III, de Châteaudouble, au nom de son épouse damoiselle Marguerite de la Roche, à noble Raoul de la Roche, écuyer du lieu de Grane, pour exiger et recevoir des héritiers de feue haute et puissante dame Madeleine de Bonne des Diguières, dame de Créqui. épouse quand vivait, de messire Charles sire de Créqui, duc Desdiguières, pair et maréchal de France et lieutenant général du gouvernement du Dauphiné, maître de camp du régiment du corps de Sa Majesté....., la somme de 500 livres, par ladite dame données et constituées à ladite damoiselle Marguerite de la Roche, au contrat

de son mariage passé avec ledit noble Philippe
de Durand, le 12 juin 1620. Fait à Châteaudouble dans la maison dudit sieur de Durand,
appelée Bochon (c'est le château féodal en ruine
appelé château de Ruissas). Signé : La Roche,
Durand, etc.

1639. Les trois ordres de la province du
Dauphiné étaient depuis longtemps en différend sur le paiement des tailles. Louis XIII
voulut terminer cette division intestine et,
dans cette intention, il fit plusieurs règlements,
entre autres celui de Lyon du 24 octobre
1639.

En exécution de ce règlement, trois jugements furent rendus par MM. de Sève et de
Chazé en faveur de : 1° Philippe III de Durand
du lieu de Châteaudouble, chef de la branche
cadette ; 2° Jacques de Durand de Riconnières,
seigneur de Pontaujard, chef de la branche
aînée ; et 3° Paul de Durand de la Châtre,
frère de Jacques, et des autres branches de la
même famille.

Par ces jugements tous les sieurs de Durand
furent déclarés anciens nobles et les biens et
héritages par eux alors possédés furent en
conséquence déclarés exempts des tailles, suivant les privilèges accordés à l'ancienne noblesse.

1642. Arrentement passé par MM. de Durand
et de la Blache (1), son beau-frère.

1647. Mariage de Catherine de Durand, l'une
des filles de Philippe III avec Claude Jordan,
seigneur de Monteléger.

1647. Philippe et son fils René assistent
ensemble à un testament fait à Châteaudouble.
René était alors âgé de 25 ans.

1648. Philippe afferme à Claude Prudhomme
sa grange de Trompète avec les terres situées
près de l'ancien château féodal et son pré de
Chomérat.

1648. Quittance de M. Paul Massot, docteur
en droit, avocat de Chabeuil, délivrée à Philippe, de la somme de 1,200 livres pour la dot
de Judith de Durand, sa mère et la sœur dudit
Philippe III.

1650. Mariage protestant auquel assistent
nobles René de Durand, docteur en droit, avocat au parlement de Grenoble, et Moïse de
Durand, son frère.

1657. Procuration où il est question de noble
Abram de Mary, sieur de Rozier, mari de
Louise, l'une des filles de Philippe III.

1662. Mariage de Paul de Lisle, de Chabeuil,

(1) Philippe III et Antoine de la Blache avaient épousé
les deux sœurs.

avec Lucrèce de Durand, autre fille de Philippe.

1666. Testament de noble Philippe III de Durand de Châteaudouble. Il fait des legs à ses enfants : nobles Paul, qui est à la guerre ; Alexandre ; Suzanne ; Moïse, passé à l'étranger ; Catherine ; Justine, femme d'Henri Petit, de Nyons ; Louise ; René, sieur de la Roche, son fils aîné ; Marguerite, femme de sieur Jean-Louis de la Font-Rambaud, de Nyons ; Lucrèce, femme de Paul de Lisle de Chabeuil.

Plus, donne à Marguerite de la Roche, sa bien aymée femme, une garde-robe sapin et tout ce quy est dedans fermé à clef, et la fait son héritière universelle.

Lequel dit sieur testateur, s'estant mis en estat de signer, n'a pu, à cause de sa faiblesse.

Philippe III fait légat à René son fils aîné, et lui substitue son hérédité après le décès de Marguerite de la Roche, sa femme.

Dans un acte de 1668, Philippe III et Marguerite de la Roche sont indiqués comme décédés.

René de Durand, de Châteaudouble, seigneur de Cambovin, Beauregard et Saint-Andéol de Fourchade, est né en 1622.

Il avait épousé, en 1665, Marie de Truchet.

Cette union donna naissance à un fils, François II, qui était muet et restait avec son oncle de Truchet, tandis que sa mère vivait dans sa terre de Fourchade, en Vivarais.

1667. Le 25 juillet eut lieu un jugement de l'intendant du Gué, par lequel il renvoie René de Durand de Châteaudouble et David de Durand de la Buissonnière, ensemble tous les autres de la même famille, de l'assignation à eux donnée par le sieur Douvrelœil. Ledit renvoi est fondé sur ce que les assignés avaient suffisamment prouvé leur noblesse et leur dépendance.

1680-89. Parcelles de dépens alloués à Brochier, à noble Charles de Brotin, à Marguerite de Castellane, épouse d'Elzéard de Durand, etc. (Archives de la Drôme).

1683. René de Durand se trouve mêlé dans la fameuse affaire ou révolte du camp « de l'Éternel » ; cette faute capitale occasionna la perte et la ruine de la branche cadette de Châteaudouble.

1680-89. Instance criminelle du Procureur du roi contre de Durand, Blache et autres religionnaires de Châteaudouble, accusés d'avoir porté les armes et tenu des assemblées illicites ;

procès-verbal de la ruine de la maison de Blache, fugitif.

1680-1689. Jugement souverain condamnant René de Durand à la dégradation de sa qualité de noble, Blache et Pellegrin à mort, pour avoir commandé les protestants à Château-double et à la Beaume-Cornillane.

Le récit de cette révolte (*Le camp de l'Éternel, sa retraite dans la forêt de Saou en 1683*, par le pasteur protestant E. Arnaud) trop long pour figurer ici, se termine par cette phrase : Durand et la Blache (1), qui parvinrent à se sauver à Genève, furent condamnés par contumace à être rompus vifs et leur maison à être rasée (2).

1686. René eut ses biens vendus judiciairement à Crest.

1687. A la mort de René de Durand, la terre de Châteaudouble fut adjugée à M. de Châteaudouble.

Il posséda jusqu'à sa mort la seigneurie importante de Beauregard, composée de quatre à cinq communes dépendant aujourd'hui du

(1) Cousins-germains.
(2) Voir également pages 598, 599 et 600, le compte rendu fort intéressant de ce combat dans l'ouvrage de M. le chanoine Jules Chevalier : *Mémoires pour servir à l'histoire des comtés de Valentinois et Diois.*

canton de Bourg de Péage, près de Romans.

Une demoiselle de Truchet, femme d'un M. de Voguë et cousine germaine de François II de Durand, le muet, hérita des biens de celui-ci au préjudice de Guy-François de Durand de Pontaujard, père de la marquise d'Agoult.

Elle se trouva ainsi dépositaire de tous les titres de noblesse des Durand de Château-double ; en sorte que les descendants de Durand de Durand, frère aîné de Philippe Iᵉʳ, n'ont eu en leur pouvoir que les papiers leur servant à remonter jusqu'à Reymond de Durand, père de Durand et de Philippe.

François II mourut à Aubenas en 1705 ; avec lui s'éteignit la branche de Châteaudouble.

SAINT-MARTIN

SAINT-MARTIN

BRANCHE AINÉE DES DURAND
DE CHATEAUDOUBLE

Durand de Durand, fils aîné de Reymond, était né en 1498.

1513. Une transaction passée par son tuteur noble messire Théodore de Cassard, où il est cité comme mineur, prouve son jeune âge

1515. Quittance de noble Durand de Durand à vénér. Mᵉ Jacques Bullier, prieur de Château-double..... du prix de six florins pour la permission d'ensevelir le corps de feu noble Reymond de Durand dans l'église, suivant son testament.

1517. Mariage de noble Durand de Durand avec noble Jeanne du Plastre, fille de feu noble Claude du Plastre et de noble Jeanne de la Tour (1) de Saint-Martin-en-Trièves. Parmi les

(1) Il est fort probable, dit mon oncle Eugène de Rochas, dans sa *Notice historique sur la maison de Durand en Dauphiné*, que Jeanne de la Tour était fille ou nièce de noble Guigues de la Tour, châtelain de Clelles, qui fit l'ascension du Mont Aiguille, le 26 juin 1492, en compagnie

témoins présents : Philippe, frère cadet de Durand ; Louis d'Ambel, de Châteaudouble ; Claude de Durand et Guillaume du Plastre, oncle de la mariée.

Durand de Durand vint s'établir dans les montagnes du Trièves, d'où sont sorties plusieurs branches.

de dom Julien, capitaine de Montélimar. Cette ascension a été renouvelée beaucoup plus tard et pour la première fois, le 16 juin 1834, par Jean Liotard, du lieu de Trezanne, ainsi qu'il résulte du procès-verbal dressé à cette époque par Eugène de Rochas, alors avocat à Gap, et le curé de Chichilianne (Isère).

Depuis quelques années le club alpin a facilité l'ascension du Mont Aiguille par l'établissement d'un cable que la foudre détériore souvent ; elle n'en reste pas moins très périlleuse, aussi compte-t-on les rares touristes qui ont osé s'y risquer : un jeune étudiant, Ernest Jean II, mon neveu, aujourd'hui magistrat, a eu cette hardiesse à l'âge de 18 ans.

Guignes de la Tour devait être sûrement l'un des intrépides compagnons dont parle le chanoine Jules Chevalier, professeur au grand séminaire de Romans (l'historien le plus éminent et l'archéologue le plus distingué pour les temps féodaux de notre Dauphiné) dans son magnifique ouvrage couronné par l'Académie : *Mémoires pour servir à l'histoire des comtés de Valentinois et de Diois*, page 363. « Rappelons, dit-il, un fait bien connu : Antoine de Ville est le premier qui, au mois de juin 1492, avec quelques intrépides compagnons, fit l'ascension du Mont Aiguille, réputé une des sept merveilles du Dauphiné. On sait que cette montagne du Trièves, dont parlait déjà au XIIe siècle Gervais de Tilbury, maréchal du royaume d'Arles, a été chantée en beaux vers latins par Salvaing de Boissieu. Il en est également question dans les écrits de Rabelais. »

1520. Transaction entre vénérable frère Jean
Salvaing, sacriste du monastère de Léoncel et
noble écuyer Durand de Durand, de Châteaudouble, à propos d'un legs fait par les ancêtres
de Durand pour fonder une chapelle en l'honneur de saint Benoît dans le monastère de
Léoncel.

1521. Pendant plusieurs années Durand de
Durand fut aux armées. Il avait passé procuration à vénér. Jacques des Fossés, vicaire de
Barcelone, pour retirer ses cens et revenus et
faire valoir ses droits.

1526. Testament de Durand de Durand.
Après avoir recommandé son âme à Dieu, il a
choisi pour sa sépulture dans le cimetière de
l'église de Saint-Martin, le tombeau des prédé-
cesseurs de noble Jeanne du Plastre, son
épouse, s'il lui arrive de mourir dans ce lieu ;
ou dans l'abbaye de Léoncel, si mourant à Châteaudouble, le seigneur abbé et son couvent
l'agréent, devant l'autel de Sainte-Croix.

Comme tous ses ancêtres, il fait de nom-
breuses recommandations chrétiennes et quan-
tité de dons, particulièrement aux pauvres.

Il nomme Jeanne du Plastre, son épouse,
tutrice et gouvernante de leur fils Claude. Il
laisse à son frère Philippe tous ses biens de
Châteaudouble à la condition de solder et livrer

réellement et effectivement, en argent compté, audit Claude héritier du testateur, 1,200 florins.

1533. Durand de Durand mourut à Saint-Martin de. Clelles (Isère), où il avait fixé sa résidence dans les biens de sa femme.

Claude Ier de Durand, écuyer mistral royal du Trièves.

1542. Mariage de noble Claude Ier, fils de Durand, écuyer, et de damoiselle Jeanne du Plastre, avec damoiselle Domenge Oddoz de Bonniot, fille d'Antoine, écuyer, et de damoiselle Jeanne de la Tour, de Riorteires (1),

Claude Ier laissa : 1° Antoine ; 2° Claude, chef de la branche Riconnières et Pontaujard ; 3° Olympe, mariée à Jehan Dragon.

(1) Riorteires, paroisse de Séchilienne (aujourd'hui Ruthières et Chichilianne), par Clelles en Trièves (Isère). Le château de Ruthières, situé dans une position isolée, comme séparé du monde, au pied du Mont Aiguille, a appartenu aux de Bonniot et aux de Durand jusqu'en 1859. Ses derniers membres qui l'habitèrent furent Mme veuve de Blanchart du Val, notre cousine, née de Durand de la Molinière, et ses enfants.

Antoine Iᵉʳ de Durand, écuyer, fils de Claude, fait son testament en 1590. Il laissa trois enfants : Joseph, César et Pierre.

Joseph de Durand épousa, en 1615, Suzanne Pasqual, fille de feu Pierre, bourgeois de Grenoble, et d'Antoinette Bernard.

Joseph était docteur en droit, avocat en la cour et juge ordinaire de Cheysilianne (Chichilianne), Thoranne, Saint-Martin, Clelles, etc.

1623. Il testa, instituant pour héritière sa femme et faisant des legs à Antoinette et Suzanne, ses filles.

De ce mariage naquit aussi un fils, Antoine.

Suzanne Pasqual, étant veuve, épousa en 1628 noble François de Montauban de Rambaud et de Villars, lieutenant pour le roi au gouvernement de la ville de Gap.

1608-11. Lettre du roi Henri IV, grâciant Marc Vulson, conseiller au parlement de Grenoble qui, ayant surpris Madeleine de Boulogne, sa femme, en adultère avec Pierre de Bogniot, les avait tués tous les deux, pendant que Joseph Durand, son cousin, avocat au même parlement, aussi grâcié par ces lettres, était à la porte de la maison, soit pour leur interdire toute sortie, soit pour empêcher qu'il leur fût porté secours.

Antoine II de Durand, né en 1621, fut avocat en la cour du Dauphiné.

1667. Par jugement de l'Intendant du Gué, Antoine de Durand et plusieurs autres de la famille sont renvoyés de l'assignation à eux donnée par le sieur Douvrelœil. Ledit renvoi est fondé, comme les précédents, sur ce que les assignés avaient suffisamment prouvé leur noblesse et leur descendance.

Il résulte de ce jugement, 1° que Antoine de Durand, alors âgé de 46 ans, habitait la ville de Gap; 2° que ledit Antoine était fils de Joseph de Durand; 3° qu'il avait été baptisé à Grenoble dans l'église Prétendue Réformée; l'extrait baptistaire est signé Mᵉ Crespin.

RICONNIÈRES ET PONTAUJARD

RICONNIÈRES DEVENU PONTAUJARD

BRANCHE AINÉE DES RICONNIÈRES

ET

BRANCHE CADETTE DES SAINT-MARTIN

Claude II de Durand de Riconnières, fils de Claude Ier, écuyer de Saint-Martin de Clelles, fut marié deux fois :

1° A Suyanne Payan, du lieu des Payas, paroisse de Pellafol (Isère), fille unique et héritière d'Antoine, bourgeois très riche du même lieu, de laquelle il n'eut qu'un fils, Pierre, qui, après avoir hérité de sa mère, mourut laissant pour héritier son père Claude.

Celui-ci se remaria en 1588 avec Sara de Bonnard, fille de Pierre et d'Urbaine du Fau. De ce mariage naquirent quatre fils et quatre filles.

Les quatre fils donnèrent naissance aux quatre branches différentes déjà citées :

1° De Jacques, la branche des de Durand de Pontaujard ;

2° De Paul, la branche des de Durand de La Châtre ;

3° De Salomon, la branche des de Durand de La Garde ;

4° De Jean, la branche des de Durand du Banchet.

JACQUES DE DURAND DE RICONNIÈRES, fils aîné et sénéchal, échangea le nom de Riconnières en celui de PONTAUJARD.

1621. Testament de Claude II de Durand. Il donne et lègue à sa femme, outre une somme d'argent, son habitation dans sa maison de Ricognières, au quartier d'icelle qu'elle voudra choisir.

Il fait des legs à ses filles Madeleine, Olimpe, Esther et Judith, comme aussi à Jean et Salomon ses fils. Il institue ses héritiers universels Jacques, visénéchal de Montélimar et Paul de Durand, ses autres fils.

Madeleine avait épousé Alexandre Richaud, sieur de la Verseil ; Esther, Pierre Silvestre et Judith, Paul de Blosset.

Jacques Ier de Durand, le premier de la branche des Pontaujard, était chevalier seigneur d'Alançon, Riconnières, Pontaujard et Blacons, premier président du parlement d'Orange.

1615. Il acheta l'office de lieutenant civil et criminel en la sénéchaussée et, peu après, il y joignit celui de visénéchal.

1616. Il épousa damoiselle Jeanne de Jaubert, de Donzère.

1629. Jacques, protestant et fils de Claude II, acheta, pour 12,000 livres, le château ou fort de Pontaujard et les domaines qui en dépendaient, auxquels il réunit plusieurs des fiefs indiqués plus haut.

1642. Il prête hommage en la Chambre des comptes du Dauphiné pour la terre et seigneurie de Pontaujard.

1645. Même hommage pour la terre et seigneurie de Blacons.

1650. Jugement qui déclare Jacques de Durand ancien noble et ordonne qu'il jouira de tous les privilèges et exemptions attribués à l'ancienne noblesse.

1661. Il teste en faveur de Paul, son fils aîné, de ses quatre filles, dont Catherine, mariée à Aymard de Saint-Ferréol; Claudine, à noble Daniel du Thau, seigneur de Bénévent; et Olympe à David de Durand de la Buissonnière, son cousin; et de Philippe, son cadet, seigneur de Saint-Romain, né en 1642, marié à Gabrielle, fille d'Antoine Brisset, avocat.

1661, Jacques Ier de Durand mourut l'année
même où il fit son testament.

1680. Son fils cadet Philippe meurt, ne laissant que des filles.

Paul II de Durand, seigneur de Pontaujard
et autres places, conseiller du roi, né en 1622,
succéda à son père, Jacques Ier.

1653. Il épousa Olympe Pape de Saint-
Auban, fille du seigneur d'Allan.

1657. Il acheta de François de Bologne les
fiefs de la Bâtie-la-Lance et de Teyssières.

1661. Louis XIV lui permit d'exercer simul-
tanément les fonctions de visénéchal et de
conseiller au parlement d'Orange, dont il fut
nommé président en 1698, mais en 1679 il
avait été obligé comme protestant de se dé-
mettre de sa charge de visénéchal.

1669. Baptême de Paul de Saint-Ferréol, fils
d'Aymard et de Catherine de Durand.

1678-87. Noble Paul de Durand, héritier de
Jacques, son père, demandeur en discussion
des biens de La Tour, marquis de La Charce.

1696. Mariage de noble Pierre de Bardonnenche, sieur du Vors, fils d'Alexandre,
conseiller au parlement de Grenoble, et de

Marie d'Armand, avec Catherine de Saint-Ferréol, fille d'Aymard, sieur de la Mure, et de Catherine de Durand, sœur de Paul II.

Paul II de Durand mourut après avoir institué comme héritier Guy-François, son fils aîné, président au parlement d'Orange, à condition que si son héritier ne laissait pas d'enfant mâle, ses fiefs appartiendraient à Jacques, seigneur de Teyssières, demeurant à Serres (Hautes-Alpes), fils cadet du testateur.

Il laissa également une fille, Lucrèce, dotée de 3,000 livres, mariée en 1686 à Laurent de Lancelin, seigneur de la Rollière, capitaine au régiment Lyonnais.

1711-33. Sépulture non catholique de Catherine de Durand, femme d'Aymard de Saint-Ferréol, âgée de 80 ans.

1740. Louise-Justine de Durand de Pontaujard, qui épousa vers cette époque Jacques-Martin de Méreuil, fut sans doute une petite-fille de Jacques II. Leur fils, Charles-Louis Martin de la Pierre de Méreuil épousa, en 1773, Louise le Blanc de Camargues.

Guy-François de Durand de Pontaujard, fils de Paul, président unique au parlement d'Orange, épousa, en 1690, Olympe Mabille, fille d'Henri de Merle, baron de la Gorce, de Vallon.

Il fit construire vers 1702, à Montélimar, dans la rue de la commune, un hôtel monumental dans le style de l'époque. Mme d'Agoult, sa fille, le vendit vers 1750 au marquis de Blacons qui le revendit en 1756 au marquis du Puy Montbrun-Rochefort. L'inventaire de 1709 mentionne, parmi les meubles qui s'y trouvaient, un lit « à la duchesse et à la vieille mode, en damas cramoisi avec trois rangs de franges en or et en argent » ; on l'estima 2,300 livres représentant 7 à 8,000 francs de notre monnaie.

Guy mourut en 1708, laissant deux filles : l'aînée, héritière, nommée Olympe-Mabille, épousa, 1° en 1709, Jean-François des Alrics de Cornillan, marquis de Rousset, qui fut le dernier de sa famille ; 2° le marquis Jean d'Agoult, seigneur de Voreppe.

Elle demeurait à Grenoble vers 1760 et mourut sans postérité.

Françoise, fille cadette de Guy-François, dotée de 40,000 livres, épousa, en 1716, Alphonse de Calvières, baron de Vézenobres et de Boucoiran (Gard).

1735-42. Déclaration et état des biens ou droits seigneuriaux fournis par Mme Olympe-

Mabille de Durand de Pontaujard, épouse du marquis d'Agoult.

1740-49. Minute de sentence, condamnant Cattier de Rochefort, écuyer, lieutenant de la maréchaussée, à rembourser 1,500 livres dues à Olympe-Mabille de Durand de Pontaujard, marquise de Rousset, veuve de François des Alrics de Cornillon.

1754. Délibération consulaire de Truinas, canton de Bourdeaux, concernant les provisions de châtelain données à Jean-Jacques Fédon par Olympe-Mabille de Pontaujard, marquise d'Agoult.

1783-86. Audience où il est question de Marie-Victoire de Durand, dame de Pontaujard, contre les mariés Amic, en revendication d'immeubles garantissant sa créance.

Jacques de Durand, seigneur de Teyssières, demeurant à Serres, en Gapençais, frère cadet de Guy, épousa, en 1681, Justine de Bardonnenche de Souville, de laquelle il eut un fils, François, et une fille, Olympe-Madeleine, mariée à M. de Pacius.

François, le dernier des Riconnières et Pontaujard, se maria à Anne de Belle de Sauret. Ils habitaient aussi Serres.

De cette union naquit Anne-Paule, mariée en 1750 à noble Joseph-Guillaume-François-

Xavier de Bimard de Terrus, fils à feu noble Pierre et à dame Marianne de Flotte, écuyer de la ville de Carpentras. Le contrat est passé en présence de dame Anne-Justine de Bardonnenche, ayeule de la future.

Ont signé à la minute : Bimard, Pontaujard, d'Aspremont, Victoire de Pontaujard qui devait être une sœur aînée d'Anne Paule.

De ce mariage son nés :

1° François-Annibal, noyé accidentellement en 1769 en traversant la rivière de Golo, en Corse, où il était sous-lieutenant dans le régiment du Soissonnais ;

2° Alexandre, chevalier de Saint-Louis, capitaine commandant au régiment de Bretagne, né en 1752. Il demeurait à Veynes (Hautes-Alpes) et épousa en 1791 Françoise-Angélique-Alexandrine de la Rollière, fille de François Laurent, ancien colonel d'infanterie, et de Marie-Claire de la Coste.

Trois enfants naquirent de ce mariage :

1° Françoise-Laurence-Victoire, domiciliée à Veynes ;

2° Louise-Ennemonde (dame de Ravel), domiciliée à la Combe d'Oriol (Drôme) ;

3° Pierre-Émilien-Xavier, domicilié à Chabeuil.

LA CHATRE

DE LA CHATRE

1ʳᵉ BRANCHE CADETTE

DE LA

BRANCHE DE RICONNIÈRES

Paul Iᵉʳ de Durand, fils puiné de Claude II, prit le nom de la Châtre ; il fut écuyer et avocat en la cour et parlement du Dauphiné.

1622. De son mariage avec Anne de Martin, Paul Iᵉʳ de la Châtre eut deux fils : César de la Chastre et David de la Buissonnière ; et deux filles : Sara et Jeanne.

1642. Paul Iᵉʳ est par jugement souverain, à la suite de l'édit de 1639, déclaré ancien noble.

1647. Mariage de Corneille Le Gouche, habitant Manosque, fils à feu noble Nicolas Le Gouche, seigneur de Saint-Étienne de Cruis en Provence et demoiselle Marie Naze, et demoiselle Sara de Durand, fille de noble Paul, sieur de la Chastre et demoiselle Anne de Martin ;

(mariage protestant), René de Durand de Châteaudouble était présent.

1650. Paul Ier acheta de Gaspard Oddoz de Bonniot, sieur de la Forteresse, le domaine des Bosonnières (La Buissonnière) qui lui venait de sa femme Suzanne de Jouven ; ce domaine passa ensuite dans la famille Picot par le mariage de Françoise de Durand, en 1704, avec Philibert Picot.

1655. Jeanne de Durand mariée avec noble Pierre Odde de Bonniot, sieur de la Bâtie. Ils habitaient le château de Ruthières.

Leur fils Paul, sieur d'Ambel, capitaine au régiment de Sault, fut institué par sa mère donataire de tous ses biens.

1661. Dans son testament olographe Paul Ier désigne David de Durand de la Buissonnière, son fils cadet, parmi ses légataires.

1663. Paul Ier de Durand de la Chastre meurt à Villard-Julien.

1699. Mariage entre noble Alexandre d'Armand, fils à feu noble Jacques et de dame Jeanne de Peccot, d'une part ; et damoiselle Isabeau Oddoz de Bonniot de Jolières, fille à feu Pierre, sieur de la Bâtie, et de dame Jeanne de Durand, du lieu de Ruthières.

César de Durand de la Châtre, seigneur
de Villard-Julien, était né en 1630.

1662. Contrat de mariage entre noble César
de Durand de la Chastre et damoiselle Marguerite du Cros, fille de Pierre, conseiller au parlement de Grenoble, assassiné en 1644, à
Valence, dans une émeute de femmes, et de
Madeleine de Philibert de Venterol.

Le père de Pierre du Cros était ce célèbre
Charles du Cros, l'ami de Lesdiguières, président de la chambre de l'Édit du parlement de
Grenoble, qui, lui aussi, fut assassiné en 1622
à Montpellier où il avait été envoyé pour enga-
ger cette ville à obéir au roi.

César de Durand et Marguerite du Cros appar-
tenaient à la religion chrétienne réformée. Ils
habitaient Villard-Julien, paroisse de Cornillon-
en Trièves.

De ce mariage il est né onze enfants :

François, sieur de la Chastre, en 1663,
décédé en pays étranger ; Henri ; Paul ; André ;
Pierre, succédant comme sieur de la Chastre ;
Daniel ; César ; David, sieur du Villard ; Anne-
Catherine, visitandine ; Marguerite, épouse du
sieur Bigillon, conseiller du roi, et Madeleine
de Durand.

La plupart moururent jeunes, mais après
leurs père et mère.

1674. Noble César de Durand et dame Marguerite du Cros firent leur testament mutuel, ayant en vue de s'assurer un héritier. Ils se chargèrent réciproquement de laisser l'hérédité à l'aîné des mâles, ou des filles, qui se trouverait vivant lors du décès de celui des deux mariés qui aurait recueilli.

1677. Décès de César de Durand de la Chastre.

Dans un état des dépenses d'actes, etc., établi par le notaire de Marguerite du Cros, veuve de noble César de Durand de la Chastre, j'ai relevé la mention suivante : ..... plus pour autre acte fait par ladite dame à MM. de Venterol, La Bâtie, de Durand Montvallon, de Bénévent et Rolland pour lui donner avis et conseil sur la manière en laquelle elle devait accepter l'hérédité de feu sieur de la Chastre et sur les poursuites qu'il y aurait lieu de faire pour venger la mort dudit défunt sieur de la Chastre, me sera taxé, etc.

1682. Marguerite décéda le 30 janvier épuisée qu'elle était à la poursuite du procès criminel qu'elle avait intenté pour venger la mort de son mari.

César aurait-il été assassiné comme le père et le grand-père de sa femme ?

A la mort de ses parents François, l'aîné,

recueillit leur hérédité et après quelques années de jouissance sortit du royaume pour fait de religion, ainsi que ses frères Henri, Paul et André.

François mourut en Brandebourg où il avait pris du service et où s'était déjà réfugiée une de ses cousines, Claudine de Durand, fille de Jacques de Durand de Pontaujard, épouse de Daniel du Thau, seigneur de Bénévent, qui fut nommé par l'électeur conseiller d'ambassade en 1687.

1685. M. Bourne, dans son ouvrage sur Vizille et ses environs, consacre le souvenir d'un fait où l'une des filles de feu César de Durand de la Châtre signale son courage.

Albert de Rochas, qui a eu la bonne fortune de pouvoir compulser les archives du dépôt de la guerre et compléter les renseignements qu'il y a recueillis par des extraits d'un manuscrit fort intéressant que possède la bibliothèque de Grenoble, celui de Le Clair, qui joua comme aide-major de cette ville un rôle des plus important lors de la persécution des Huguenots, raconte tout au long dans sa brochure intitulée : *Note sur quelques documents inédits relatifs à la révocation de l'édit de Nantes dans les Alpes*, cet acte de courage de Anne de Durand de la Châtre notre ancêtre, âgée à cette époque de 19 ans.

Enfin, nous avons aussi la version donnée par le pasteur E. Arnaud, dans son *Histoire des protestants du Dauphiné.*

Ce pasteur n'est pas impartial quand il traite des affaires de son parti.

Je résume ce fait en quelques lignes empruntées à ces auteurs.

C'est à l'époque de la révocation de l'édit de Nantes.

La persécution devient intolérable en Dauphiné.

De tous côtés les protestants cherchent à gagner la frontière, mais ils sont surveillés de près.

Les rigueurs n'arrêtent personne et ne font qu'exaspérer ceux qui en sont témoins.

Un gentilhomme de Saint-Jean d'Hérans, M. d'Hélis, forma le dessein de sortir du royaume en novembre 1685 et le communiqua à plusieurs personnes en leur promettant de se mettre à leur tête. De ce nombre étaient une de ses filles, Lucrèce, Jacques de la Beaume, Anne de Durand de la Châtre et une quarantaine de personnes.

Cette troupe s'organisa et partit à la tombée de la nuit sous la conduite du guide Pierre Blanc. Tout alla bien pendant la nuit, mais lorsqu'il fut jour elle rencontra près du lieu de

Saint-Barthélemy de Séchilienne, en Oisans, un grand nombre de paysans armés, qui voulurent l'empêcher de passer.

Mlle de la Châtre, habillée en amazone d'après les uns, vêtue en homme avec une fausse barbe d'après les autres, et armée, se mit avec Mlle Lucrèce d'Hélis à la tête de la troupe, releva le courage de ceux qui paraissaient abattus et étendit d'un coup de pistolet le paysan qui osa prendre son cheval par la bride.

Au bruit de ce coup le tocsin est sonné, les paroisses s'assemblent et de tous côtés les paysans se jettent sur la troupe.

L'héroïne qui la commande fait des prodiges de valeur, mais enfin elle est mise hors de combat, et ceux qui l'accompagnent, à l'exception de dix qui réussissent à s'échapper, sont roués de coups, tués ou faits prisonniers.

M. d'Hélis et toute sa troupe sont arrêtés et conduits en prison.

Par ordre du roi on fit le procès à tous ceux qui avaient été pris, tant hommes que femmes.

M. d'Hélis et Marguerite Pellat, chez laquelle la troupe s'était organisée, furent condamnés, l'un à avoir la tête tranchée, l'autre à être pendue.

Le conducteur n'a été condamné qu'aux galères ainsi que plusieurs autres.

Quant à Mlle de la Châtre, criblée de blessures pendant le combat, elle ne fut transportée à Grenoble que deux mois après. Le parlement lui fit son procès et la condamna à être enfermée pour le reste de sa vie dans un couvent.

Après avoir passé un an au couvent de Sainte-Marie d'en Haut, à Grenoble, elle embrassa la religion catholique et prit le voile.

Elle y mourut en 1717 en odeur de sainteté.

Céda-t-elle aux flatteries comme le prétendent les protestants, ou fut-elle séduite par les beautés du christianisme ? Je pencherais plutôt pour cette dernière influence tout à l'honneur de mon ancêtre.

Celle qui n'avait pu supporter la tyrannie d'un roi ne pouvait s'incliner que devant Dieu.

Pierre, capitaine de cavalerie au régiment de Villeroy, fut mis en possession de tous les biens de ses frères et sœurs qu'il leur rendit fidèlement lorsque les temps furent plus calmes.

1698. Paul rentra en France, en suite de l'amnistie qui fut accordée aux religionnaires fugitifs par l'édit de 1698.

1708. **Paul II de Durand, sieur de la Châtre,** capitaine au régiment de Mancini, en

possession d'une partie des biens de ses père et
mère, épousa en premières noces, à Die, demoiselle Françoise de Sibud de Saint-Ferriol, fille à
feu messire Antoine de Sibeut de Saint-Ferriol,
l'un des cent gentilshommes de la maison du
roi, gouverneur de la ville de Die, duquel
mariage est né Marie-Anne de Durand ; et en
deuxièmes noces Catherine de Cutty dont il eut
trois fils.

Le premier de ces enfants fut assassiné en
1753 et les deux autres furent tués en Piémont
au service du roi : César, sieur de la Chastre,
Charles de Lespinasse et Jacques de Sosie.

1720. Paul meurt instituant sa fille héritière.

Marie-Anne, fille de Paul de Durand, épousa
quelques années après noble Georges Hercule
Louis de Maniquet, sieur du Fayet ; ils rési-
daient au château du Fayet, près Barraux
(Isère).

Hercule de Maniquet descendait d'Hector de
Maniquet, maître d'hôtel du roi Charles IX, qui
possédait toute la confiance de son roi. C'est
dans son château du Fayet que Marie Touchet,
fille d'un magistrat d'Orléans, favorite de
Charles IX, vint accoucher, en 1573, de François de Valois, duc d'Angoulême.

1721. Noble Pierre de Durand, l'un des onze
enfants de César de la Chastre et de Marguerite

du Cros, fait assigner devant le juge de Cornillon-en-Trièves sieur Charles-Gaspard Samuel, notaire royal de Clelles, en qualité de tuteur de Marie-Anne de Durand, pour voir ouvrir en sa faveur le fidéicommis graduel et perpétuel qu'il prétend être apposé dans le testament de la dame du Cros, sa mère.

Cette assignation fut le commencement d'un procès qui dura plus de trente ans entre Pierre de Durand de la Châtre, Georges-Hercule de Maniquet et demoiselle Marie-Anne de Durand, sa femme.

A l'occasion de ce procès, j'ai relevé les parentés suivantes de notre ancêtre Pierre de Durand de la Chastre et de sa nièce, Mme de Maniquet, parmi les membres du parlement de Grenoble, chaque partie craignant leur influence :

Laurent de Garnier	du chef de dame Anne d'Armand, sa mère, nièce à la mode de France du sieur de la Chastre.
Claude-Daniel Canel	du chef de la dame de Garnier, sa femme, et de la dame d'Armand.
André de Copin de Miribel	du chef de la dame d'Yse, sa femme, fille de M. le président de Rosans, neveu de M. de la Chastre.

Laurent-Coesar de Chalcon de l'Albenc	du chef de la dame de Bardonnanche, sa mère, nièce à la mode de France du sieur de la Chastre.
Honoré-Henri de Pjolinc, premier président du parlement et Honoré-Jean-Baptiste-Jacques-Alexandre de Piolinc de Thoury, son fils, président a mortier	tous deux du chef de la dame d'Yse de Saléon, petite-fille de la dame Nisanne de Reynard d'Avançon, cousine-germaine du sieur de la Chastre.
de Burcin, doyen du parlement	cousin issu de germain de la dame de Sibud, mère de la dame de Maniquet et belle-sœur de M. de la Chastre.
de Roux de Gaubert de la Ru	père et fils, aussi parents de la dame du Fayet, du chef de la dame de Veynes, cousine issue de germaine de la dame de Sibud et des Chabrillan.
Gaspard-François de Berger de Moidie, pro.... général du parlement Pierre-Louis de Vignon de Tarnesieu, conseiller au parlement	également parents de la dame de Maniquet et du sieur de Chabons, son cousin-germain ; du chef de la dame de Sibud.
de Guignard de Saint-Priest, conseiller honoraire au parlement et intendant de la province du Languedoc	parent du sieur de la Chastre, et de la dame du Fayet.

JACQUES D'YSE DE ROSANS, PRÉSIDENT A MORTIER	parent du chef de Reynard d'Avançon et du chef de La Chabrières.
AYMARD-FÉLICIEN DE MICHA DE BURSIN	du chef des Chabrillan.
JEAN-BAPTISTE DE CHALCON DE CHAMBRIER	du chef de la dame de Bardonnanche, sa femme.
JEAN-EMMANUEL DE SAINT-PRIEST	du chef de Marguerite de Reynard d'Avançon, cousin au 4e degré de M. de La Chastre.
FRANÇOIS DE GALLIEN DE CHABONS	du chef de la dame de Sibud, sa mère.
JEAN DU PLAN DE SIEYES	du chef de la dame de Veynes, sa femme.
DU SEUC, PRÉSIDENT	du chef des Chabrillan par la dame de la Poype, sa mère, fille d'une Chabrillan.
MARQUIS D'ORNACIEU, PRÉSIDENT A MORTIER AU PARLEMENT DE GRENOBLE	cousin du 4e degré de la dame de Maniquet.

1760. Pierre de Durand de la Chastre qui perdit une jambe en 1712, au siège de Landau et fut réformé, s'était retiré au château de la Veyrie, paroisse de Lavars (Isère), où il mourut le 29 décembre 1760, âgé de 90 ans.

Il avait épousé en 1729 Charlotte d'Arbalestier.

Madeleine, l'une des sœurs de Pierre de Durand, fut mariée à Mary d'Armand, sieur des Herbeys.

LA GARDE

DE LA GARDE

2e BRANCHE CADETTE DE RICONNIÈRES

Salomon de Durand de la Garde, fils de Claude II, fut un habile homme de guerre, gouverneur des villes de Bitche, Dieuze et Oneuvre. Il eut des emplois importants dans les armées du roy Louis XIII.

1629. Provisions à lui accordées par le roy pour une compagnie dans le régiment de Blacons du 25 septembre, signées Louis.

1629. Provisions d'ayde-major au même régiment, du 16 janvier.

1630. Provisions pour une compagnie, du 12 juillet, signées Louis.

1632. Brevet accordé par Louis XIII pour lever une compagnie de cent hommes de pied.

1635. Autres provisions accordées pour le même but.

Salomon de Durand, qui habitait le bourg de Mens (Isère), eut deux fils : Jacques et Antoine, ce dernier dont la destinée est inconnue.

Jacques II de Durand, seigneur de la Garde, né en 1634, épousa en 1660 Louise de Perrachon. Leur dernière fille fut mariée dans la maison de Blosset.

On croit que Jacques II de Durand s'était retiré en Angleterre.

DU BANCHET

DU BANCHET

3ᵉ BRANCHE CADETTE DE RICONNIÈRES

Jean de Durand, seigneur du Banchet,
fils de Claude II de Durand, écuyer du lieu de
Riconnières, paroisse de Pellafol (Isère), épousa
en 1620 Marthe de Bonnard, de Roussin, paroisse de Lavars.

Contrat passé à Mens par Faure, notaire
royal, dans la maison du sieur Salomon de
Vulson, capitaine châtelain pour le roi, dudit
lieu, beau-père de la future ; en présence de
Mᵉ Moïse Rollard, procureur et noble César
de Filliol, sieur de Montagnien, et du sieur
Alexandre Richaud, sieur de la Vereuil. Le
père de la future était alors décédé et sa mère
s'appelait Lionette de Pontaujard.

Le mariage devait être célébré selon le rite
de l'Église réformée.

L'acte fut fait au petit Oriol, Mᵉ Faure, notaire.

1630. Testament de Jean ; Pierre et Paul
sont qualifiés ses fils légitimes.

1642. Par jugement Jean de Durand est déclaré ancien noble.

Il se trouva fortuitement atteint de maladie contagieuse en arrivant à Chorges et revenant d'Embrun où il tenait le grenier à blé pour le service du roi avec Paul de la Châtre, son frère.

Il y mourut.

Pierre de Durand, seigneur DU BRANCHET et DE MONTVALLON, né en 1626, docteur en droit de l'université de Valence, épousa, en 1655, Isabeau de Murat.

Il était cité comme un des plus savants avocats du parlement de Grenoble.

1653. Paul de Durand, son frère, lieutenant au régiment de Givors, mourut à Noyon, en Picardie.

1698. D'Hozier délivre un brevet d'enregistrement des armes de Pierre et de Daniel de Durand son fils.

1702. Pierre fit son testament le 9 mars ; celui de dame Isabeau, devenue veuve, date du 27 novembre de la même année.

Ils auraient laissé trois enfants, deux fils et une fille. Ce qui indiquerait que déjà deux fils étaient décédés puisqu'en 1686 ils avaient quatre fils et une fille.

Jean avait quitté le royaume contre les ordres du roi.

Isabeau aurait suivi son frère Jean et tous deux furent déshérités, à moins qu'ils ne revinssent en France.

1730. Isabeau de Durand habitait Genève où, probablement, avait d'abord résidé son frère Jean ; elle y teste et nomme pour son héritier ledit Jean, alors retiré à Dublin.

Daniel de Durand du Branchet, avocat, fils de Pierre, contracta mariage en 1708 avec demoiselle Suzanne de Perrachon.

1720. Il fit son testament.

De Daniel sont venus trois fils et une fille : 1° François, qui vers 1760 résidait à Grenoble ; 2° André, son frère cadet, lieutenant-colonel du régiment de Flandre et brigadier des armées du roi, qui vivait encore en 1772 ; 3° Jacques, sorti du royaume ; 4° dame Jeanne de Durand, veuve de messire Laurent de Philibert, baron de l'Argentière, seigneur de Venterol.

1751. Suzanne, veuve de Daniel, résidant à Varces, près de son frère Antoine de Perrachon, testa à cette date. Elle fit des legs à

Jeanne de Durand, sa fille ; à André, son fils, capitaine aide-major au régiment de Belsunce et deshérita Jacques, son autre fils, lui laissant sa légitime s'il rentre.

Elle institua pour son héritier François de Durand. son fils aîné.

1770. André de Durand habitait Grenoble, en son hôtel, près les pères de l'Oratoire.

Il avait fait ses preuves à cette époque et sous le règne de Louis XV pour entrer dans les carrosses du roi.

La maison de Durand fournit pour cela la preuve complète de noblesse depuis l'an 1334 au moins.

François de Durand fait son testament en 1780.

Il lègue 1,200 livres à l'hôpital de la Providence, 300 à l'hôpital général de Grenoble. A son homme d'affaires et à tous ses domestiques il fait divers legs.

A sa sœur Jeanne de Durand, baronne de l'Argentière ; à ses neveu et nièce Jeanne-Charlotte-Suzanne, Louis-Auguste de l'Argentière, capitaine, il fait des dons. Enfin il institue pour son héritier universel son autre neveu, leur frère, messire Laurent Philibert, baron de Venterol, par lequel il veut que le surplus de sa succession soit recueilli.

1789. André de Durand avait épousé Hélène Bérard, de Varces.

———

LA BUISSONNIÈRE

—

LA MOLINIÈRE

LA BUISSONNIÈRE
BRANCHE CADETTE DE LA CHATRE

LA MOLINIÈRE
BRANCHE CADETTE DE LA BUISSONNIÈRE

David de Durand de la Buissonnière, fils cadet de Paul Ier de Durand de La Châtre, était né en 1640 et habitait Villard-Jullien.

Le lieu de la Buissonnière est situé au terroir de Clelles.

David avait été nommé capitaine du régiment de Sault (1) en 1672. Il était en activité de service et absent pour cette cause lors du décès de son frère, César de la Chastre, en 1677.

1679. Il épousa Olympe de Durand, sa cousine-germaine, fille de Jacques de Durand de Riconnières, seigneur de Pontaujard, Blacons, etc., et de Jeanne de Jaubert.

---

(1) Régiment qui s'était acquis une mauvaise réputation : « Gardez-vous du feu, de l'eau et du régiment de Sault ».

Peu de temps après il dut venir habiter Les Sées, paroisse de Saint-Martin de Clelles.

David professait la religion réformée, mais à la suite de la révocation de l'édit de Nantes, il se convertit à la religion catholique.

C'est lui sans doute qui acquit la terre voisine de la Molinière, enclavée dans les Sées, dont il était le seigneur.

1704. Françoise de Durand de la Buissonnière, fille de David, épousa, à l'âge de 13 ans Philibert Picot qui fut en 1715 capitaine châtelain d'Eclose et lui apporta en dot le château de Saint-Didier de Bizonnes. Elle en eut sept enfants, devint veuve en 1725 et se remaria à 39 ans à M. Duchand dont elle eut un fils, trésorier de France en 1770, qui eut deux enfants :

1° Charlotte, mariée à M. Caffarel, conseiller à Grenoble en 1817 ; 2° le général d'artillerie Jean-Baptiste Duchand, baron de Sancey, dont la fille a épousé M. de Fresne, ancien conseiller d'État.

De Philibert Picot et Françoise de Durand descend M. Picot, inspecteur général des ponts et chaussées.

1711. Paul de Durand, sieur de la Buissonnière, fils de David, meurt à Grenoble des suites d'un coup d'épée, lâchement porté par un adversaire qui ne lui avait pas donné le temps de tirer la sienne.

1712. Testament de noble David de la Buissonnière, où Olympe sa femme est désignée comme décédée.

Il fait des dons aux pauvres, lègue certaines sommes à son fils André en outre de ce qu'il lui a déjà fourni pour le rétablissement de sa compagnie d'infanterie dans le régiment de Gensac et institue son héritier universel noble Louis de Durand son fils aîné.

1717. Il modifie légèrement son testament.

1719. Autres dispositions testamentaires ; André y est signalé comme marié.

1719. Louis de Durand acquiert la terre et baronnie de Loyettes, près Belley (Ain), pour noble David de la Buissonnière, son père.

1719-22. David de Durand de la Buissonnière, baron de Loyettes, décéda dans l'intervalle du 9 août 1719 au 8 juin 1722. La première de ces dates est celle de l'acquisition de Loyettes et la seconde celle de la sentence de l'élection des pays de Bugey, Valromey et Gex en faveur de Louis de Durand, le disant fils et héritier de feu David.

1773. Louis passe procuration à messire Genton de Souville, pour le remplacer dans le mariage que son neveu Josué de Durand est sur

le point de contracter avec Marguerite de Montjoux et pour lui et en son nom donner audit
Josué tous les biens qu'il possède et notamment
la baronnie de Loyettes.

Il fait don à Marie-Madeleine, sa nièce, épouse
de messire François Odde de Bonniot, sœur
dudit Josué, de la somme de 6,000 livres.

1774. Louis, qui n'avait jamais été marié,
fait son testament.

Il institue pour son héritier universel André
de Durand de la Molinière son frère cadet.

1775. A partir de cette date il n'est plus
question de Louis qui a dû décéder vers cette
époque.

André de Durand, fils cadet de David, fut
baptisé en 1691 audit Saint-Martin.

Il prit le nom de la Molinière.

1717. André, capitaine dans le régiment de
Gensac du 12 décembre 1711, contracta mariage
avec Marie-Madeleine Oddoz de Bonniot d'Ambel, fille de Paul capitaine au régiment de
Sault et de Justine de Martin de Champoléon ;
c'est probablement par ce mariage que la terre
et le château de Ruthières, où déjà avaient eu
lieu plusieurs alliances des Bonniot avec les

Durand, notamment en 1542, passèrent défini-
tivement aux Durand.

1740. Acte passé entre noble Hector-Fran-
çois-Pierre de Marie des Hières, lieutenant au
régiment Royal des Vaisseaux, et André de Durand, sieur de la Molinière.

1750. On annonce la mort du marquis d'Agoult
et de Mme de la Molinière, née Marie-Madeleine
Oddoz de Bonniot, le 1er août.

1750. Le 27 octobre, André de Durand de la
Molinière répond de Ruthières aux compliments
d'affectueuses sympathies que son cousin, M. de
Laval, supérieur de son fils Paul, venait de lui
adresser à l'occasion de la mort de sa femme.

1764. Mariage en secondes noces de noble
André de Durand de la Molinière, de Ruthières,
avec Louise-Marguerite des Hyères, dame de
Bonneval, fille de Gabriel ancien capitaine de
cavalerie, et de Justine d'Agoult de Montmaur,
de Mens.

1778-80. Marie-Madeleine de Durand de la
Molinière, fille d'André et veuve de François-
César Odde de Bonniot, sieur de la Tour, contre
Gauthier, en délivrance d'immeubles sur les-
quels elle a hypothèque.

1780-89. Minute de lettres de rectification
d'un acte de vente passé à Jean-Antoine-Daniel
de Gueymard, sieur de Saint-Ferréol, par Marie-

Madeleine de Durand de la Molinière, veuve de F.-C. Odde de Bonniot de la Tour, du domaine de la Tour, sis à Saint-Agnan en Vercors, au prix de 18,200 livres.

1780. André meurt le 14 avril.

André de Durand de la Molinière eut de nombreux enfants dont deux militaires :

1° Paul de la Buissonnière, officier dans le régiment de Belsunce peu avant 1760, époque à laquelle ses infirmités ou ses blessures l'obligèrent à se retirer dans ses foyers ;

2° Louis-André d'Ambel, qui naquit à Grenoble en 1724 ;

3° Pierre-Louis, né en 1729, décédé à l'âge d'un mois ;

4° Claude-Josué, capitaine d'artillerie, dont il va être parlé ;

5° Marie-Madeleine, mariée en 1756 à François-César Oddoz de Bonniot de la Tour ;

6° Marie, décédée en 1743 à l'âge d'un an ;

7° Élisabeth, née en 1744 ;

8° Alexandrine, née en 1747, décédée 6 mois après.

Claude-Josué de Durand de Lamolinière, baron de Loyettes, seigneur de Saint-Vulbas, Marcillieu, le Villard-Julien, Ruthières et autres lieux, capitaine-commandant au corps royal d'artillerie, était né à Ruthières en 1737.

N'étant encore que lieutenant d'artillerie il fut blessé à l'importante affaire de Corbach, le 10 juillet 1760, par l'éclat d'un caisson auquel un obus ennemi avait mis le feu. Un seul des canonniers qui étaient à ses côtés échappa à la mort.

Claude-Josué eut le visage un peu brûlé, les mains et surtout la droite plus grièvement blessées.

1765. Étant à Strasbourg il reçoit avis que le roi a bien voulu disposer en sa faveur d'une commission de capitaine sans appointements ; il est envoyé à Grenoble.

1767. Un brevet appelle Josué de Durand au grade de capitaine en deuxième pour être employé à Embrun aux détails de l'artillerie.

1773. Claude-Josué de Durand de Lamolinière contracta mariage avec Marguerite de Rigot de Montjoux, fille du marquis de Montjoux et de dame Catherine Marchand de Champrenard, résidents au château de Montjoux, près Dieulefit (Drôme).

Marguerite constitue entre autres apports la somme de 10,000 livres dont son cousin Claude-Esprit Marchant de Champrenard lui avait fait legs dans son testament.

1773. Claude-Josué fut fait chevalier de l'ordre royal et militaire de Saint-Louis.

1777. Il vend à Alexandre-René Odde de Bonniot, seigneur de Chenicourt, ancien colonel au corps royal d'artillerie, les deux domaines qu'il possède dans la communauté des Portes, lieu appelé la Bâtie d'Embel, et l'autre situé au village de Saint-Michel.

1784. Testament de Claude-Josué. Il institue son fils César pour héritier et dispose en faveur de sa femme d'une pension de 2,400 livres, qui fut réduite à 500 après la Révolution. Dans ce dernier traité elle se réserve son habitation dans la maison de Loyettes.

1787. Décès, le 25 mai, de Claude-Josué de Durand de la Molinière.

Claude-Josué eut cinq enfants :

1º Madeleine-Catherine-Josèphe (Joséphine), née à Die le 15 octobre 1774, dont il va être parlé ;

2º Charles-César, né en 1779, qui suit ;

3º Jeanne-Marie-Alexandrine, mariée à Anthoard, du Monestier du Percy (Isère) ;

4º Louise-Spérite Mabile, mariée à Marc Denier ;

5º Julie, mariée à Duport.

La baronnie de Loyettes créa beaucoup d'ennuis à Josué, et sa veuve fut longtemps en procès avec les habitants et la commune. La Révolution, ne l'effraie pas et nous la trouvons en pleine terreur faisant valoir ses droits et ceux de ses enfants.

César de Durand de la Molinière, habitant le château de Ruthières, épousa Marie-Françoise-Angèle-Joséphine Odde de Bonniot de Chenicourt, sœur d'Antoine-René décédé à Risset (Isère) après avoir été marié à Marie-Françoise-Zoé de Charency.

César n'eut pas d'enfants mâles, mais six filles :

1° Sabine, morte en bas âge ;

2° Amable, morte en religion ;

3° Zoé, mariée le 7 janvier 1818 à Auguste Caton de Thalas, fils de Nicolas et de dame Marie-Julie-Madeleine de Rigot de Montjoux.

Jules Caton de Thalas, fils d'Auguste et de Zoé de Durand de la Molinière, épousa Aimée-Amable-Amélie de Bonfils. Cette union donna naissance à trois fils : Jules-Armand-Alfred-Gaston, qui s'unit en premières noces à une anglaise, et en secondes à sa cousine, Blanche de Barruel (1) ; Adolphe, qui avait épousé une

(1) Mme de Barruel, mère de Blanche, était la sœur d'Amélie de Bonfils.

demoiselle dont j'ignore aussi le nom et duquel
mariage est né un fils, Hector ; et Henri, marié
à Rose Ferrand.

4° Caroline, mariée en 1834 à Jacques-
Adolphe de Morgues.

Henri de Morgues, fils de Jacques-Adolphe
et de Caroline de Durand de la Molinière,
épousa Virginie-Olympe-Marie Mathieu.

De ce mariage naquirent René, né en 1866,
décédé en 1904, et Blanche, mariée en 1890 à
Joseph-Antoine-Sabin Duc.

De cette union sont nés : Marie-Antoinette,
en 1896 ; Jeanne, en 1898 ; André, en 1900,
et René, en 1904.

Jacques-Adolphe de Morgues avait épousé en
secondes noces Marie-Laurence-Eugénie de Gal-
bert, dont il eut deux filles : Zoé et Marie-Anne,
religieuse trinitaire, et un fils, Joseph de Morgues,
ingénieur en chef des mines de Blanzy, sœurs
et frère consanguins d'Henri de Morgues.

5° Julie, mariée en 1833 à Théodore de
Morard de Galles de La Bayette.

Le comte Morard de Galles, qui avait fait
toutes les campagnes du premier empire et au
cours desquelles il fut souvent blessé, avait de
très beaux états de services. Après 1815 il
devint chef de bataillon aux voltigeurs de la
garde royale, mais en 1830 il donna sa démis-

sion, ne voulant pas servir sous Louis-Philippe.

Il laissa un fils, Antonin. qui mourut jeune et célibataire en 1883, et une fille, Ernestine de Morard de Galles, mariée à Ernest-Jean, mon frère.

6° Zénaïde, mariée en 1843 à de Blanchart du Val.

De ce mariage naquirent quatre enfants : Marie, qui épousa Joseph Windeck, de Vienne; Emmanuel; Joseph; et Thérèse, qui s'unit à René Imbert.

De Marie de Blanchart du Val et Joseph Windeck sont nés : Marcel Windeck et Ernestine qui a épousé Claude Cohendy.

De Thérèse de Blanchart du Val et René Imbert est née, en 1879, une fille, Marthe, mariée à Auguste Poulain; cette union a donné naissance à trois enfants : Marie-Thérèse, en 1904; Jean, en janvier 1906, et Renée, en octobre 1906.

M. de Blanchart du Val, déjà cité, se maria étant à Embrun capitaine de voltigeurs et fut, comme chef de bataillon, très grièvement blessé au siège de Sébastopol.

Il mourut peu après la guerre de Crimée, au Monestier de Clermont (Isère), non loin du château de Ruthières, sa résidence.

Le commandant de Blanchart du Val, né à

Hennebont (Morbihan), avait une sœur mariée à M. de Kerguern, capitaine de frégate.

César de Durand de la Molinière, veuf depuis 1845, mourut en 1851, à l'âge de 72 ans.

Joséphine, sa sœur, avait épousé, le 18 juillet 1804, messire Jacques-François-Joseph de Rochas d'Aiglun (1), bailli du Champsaur, décédé à Gap, juge d'instruction, le 13 janvier 1817.

De son mariage avec François de Rochas d'Aiglun, né à Gap en 1761, Joséphine de Durand de la Molinière eut deux enfants :

A) Marie-Joseph-Eugène, né à Gap en 1805, qui épousa Camille Jayet ;

B) Et Esprit-Marie-Angèle, née le 24 juillet 1807, mariée le 6 septembre 1832 à Auguste-Jean (2), né en 1793, qui fut receveur particulier des finances.

---

(1) Les de Rochas (de Rochassio) sont originaires de la Provence, et d'après le *Bulletin de la Société scientifique et littéraire des Basses-Alpes*, leur ancienneté bien établie dans ce pays remonterait au XIIIᵉ siècle.

André de Rochas qui habitait Digne et avait hérité de la haute juridiction sur le castrum d'Aiglun « avec tous les droits appartenant au Roi soit par droit, soit par coutume », épousa Hélène de Faucon dont il eut plusieurs enfants. L'un d'eux Pierre épousa en 1500 Éléonore de Villeneuve et fut la tige de la branche passée en Dauphiné

(2) La vieille famille des Jean était, disait-on, d'origine italo-avignonnaise ; un seigneur de ce nom (Joannis) habitant Florence serait venu s'établir en Avignon au commen-

A) Du mariage d'Eugène de Rochas d'Aiglun naquirent deux fils :

1° En 1837, le colonel du génie Albert de Rochas d'Aiglun, une des gloires de la famille, dont les très intéressantes découvertes et la

cement du XVe siècle et l'un de ses descendants aurait été viguier du pape.

J'ai vainement cherché les traces de cette origine, mais ces recherches n'ont cependant pas été infructueuses ; j'ai pu constater dès le XIIIe siècle la situation distinguée des Jean dans les communes de Sainte-Euphémie, Le Poët-en-Percip et autres avoisinantes, de la Drôme, où ils étaient consuls pendant plusieurs siècles, possédaient les terres les meilleures et les plus proches des habitations et contractaient des alliances avec la noblesse.

En 1622, Antoine Jean, du Poët-en-Percip, épousait Elisabeau de l'Orme ; et Joseph Jean, en 1733, se mariait à Elisabeth de l'Orme.

Une de l'Orme fut ensevelie dans l'église du Poët-en-Percip en présence de ses trois fils : Pierre Jean, Jean Jean et Denis Jean.

En 1710, je trouve un Jean marié à Marie de Jouven.

En 1792, Joseph Jean, mon grand-père, habitant Saint-André de Rosans (Hautes-Alpes), avait, au péril de sa vie, reçu et caché chez lui un parent de M. de Bonne, de Sisteron, dénoncé comme suspect, et qui échappa ainsi à la guillotine.

Jean Jean, fils de Joseph et frère de mon père, épousa plus tard Eugénie de l'Olivier de Bonne, de Sisteron.

Un autre de leurs frères, Pierre Jean, ancien chirurgien militaire, ayant fait la campagne de Russie en 1812, avait pris sa résidence à Veynes (Hautes-Alpes) où il avait épousé Mlle Lesbros, dont le père était dans les meilleurs termes avec les familles de Grignan et de Cordoue. Il est regrettable qu'on n'ait pas retrouvé une correspondance très suivie qui s'était échangée entre eux plupart des nombreux travaux sont connus du monde entier ; ancien administrateur de l'Ecole polytechnique, officier de la Légion d'honneur et commandeur de plusieurs ordres, marié à Adèle Dode de la Brunerie, décédée en 1901, fille du vicomte Guzman et de Elise de Crozo ;

2° En 1841, Edouard de Rochas d'Aiglun, inspecteur des forêts, qui avait épousé Marie de Coppier, fille de Romain, ingénieur en chef de la marine.

a) Albert de Rochas eut quatre enfants :

Henri, lieutenant de cavalerie, né en 1867 ; Marguerite, née en 1870 ; Charles, lieutenant de cavalerie, né en 1873, et Louis (1879-1899).

Henri a épousé Madeleine Caillard, dont il a trois enfants : Paul, né en 1895 ; Hélène en 1900 et Jacques en 1902.

Marguerite est mariée le 3 août 1896 à Alphonse Croneau, ingénieur en chef de la marine. De ce mariage sont nés : en 1897, Marie, et, en 1899, Louis.

Charles vient d'épouser, le 4 juin 1908, Henriette Givernis, de Béziers.

b) Edouard de Rochas (1841-1906) a eu trois enfants :

Pierre, né en 1874, lieutenant d'infanterie, marié le 3 avril 1902 à Valentine de Fouquet, dont il a une fille, Solange, née en 1903 ;

Marthe, née en 1876, mariée le 6 août 1901 au comte Albert du Seutre de Vignemont; de cette union est né un fils, Alain, en 1902;

Madeleine, née en 1880, en religion dame auxiliatrice des âmes du Purgatoire.

B) De Marie-Esprit-Angèle de Rochas d'Aiglun, décédée en 1871, et d'Auguste Jean, décédé en 1863, sont nés sept fils : Ernest, en 1833; Alfred, 1836; Léonce, 1838; Camille, 1840; Marius, 1842; Gustave, 1843 et Léopold en 1846; dont quatre prirent les armes pendant la guerre de 1870.

Parmi ces derniers, Alfred, fit tout jeune, comme sous-officier au 1er régiment des grenadiers de la garde impériale, la campagne de Crimée; puis plus tard les campagnes d'Algérie, dans les zouaves; du Mexique, dans la légion étrangère, où il fut cité à l'ordre de l'armée pour sa belle conduite à Puebla; de la Prusse, comme simple volontaire dans un régiment d'infanterie de l'armée de Metz; et enfin des colonies, dans l'infanterie de marine.

C'était un superbe soldat et un soldat dans l'âme; il ne rêvait que campagnes et y a sacrifié son avenir.

Il existe encore : 1o l'aîné, Ernest, jurisconsulte distingué, magistrat bien connu pour son impartialité, président honoraire de la Cour d'appel de Grenoble, chevalier de la Légion d'honneur, qui a épousé notre cousine Ernestine de Morard de Galles, petite-nièce de l'amiral de ce nom, dont le cœur est au Panthéon, et petite-fille de César de Durand de la Molinière, notre grand-oncle ; 2° Léonce, retraité des contributions indirectes, marié à Sidonie Havet et 3° Léopold, le dernier, capitaine d'infanterie, chevalier de la Légion d'honneur, marié à Marie-Louise-Angèle-Julia Moreau, retraité à l'âge de quarante ans pour infirmités contractées en service commandé et en campagne et qui a, avec l'assentiment des membres de sa famille maternelle, fait revivre le nom de sa grand'mère de Lamolinière, qui n'est plus porté par personne, le dernier représentant de ce nom, César de Durand de la Molinière, frère de son aïeule, n'ayant laissé que des filles toutes mortes aujourd'hui.

Du mariage de mon frère Ernest et d'Ernestine de Morard de Galles sont nés : Adolphe (1863-1865) ; Alphonse en 1865 et Ernest II en 1868 ; tous deux magistrats.

Ernest II a épousé Julia Marmonnier, dont il a eu un fils, Maurice II, né en 1896.

De Sidonie Havet, Léonce a eu une fille, Eugénie, et un fils, Eugène, mariés tous deux et tous deux décédés sans enfants.

De mon mariage avec Marie-Louise Moreau sont nés : Maurice Ier, en 1880, et Raymond, en 1882.

Maurice Ier a épousé, le 15 octobre 1906, Suzanne Mérijot, fille du docteur Mérijot, de Paris, dont la mort fit grand bruit dans la presse en 1892 : *plein de dévouement pour ses malades, il fut, comme eux, victime d'une épidémie importée d'Amérique par des perruches.*

De cette union est né un fils, André-Lucien-Léopold, le 3 septembre 1907.

FIN

Imprimé et tiré à cinquante exemplaires.

❋ ❋ ❋

Grande Imprimerie de Blois, 2, rue Haute.